Relation du voyage de MM. Gabet et Huc

1848

JOSEPH GABET

TABLE DES MATIÈRES

MISSION DU THIBET

Relation du voyage de MM. Gabet et Huc, Missionnaires Lazaristes, au Thibet (1)

(1) Une relation abregée de ce voyage, écrite également par M. Gabet, a déja paru dans le précédent numéro des Annales. Quoiqu'il n'entre pas dans nos habitudes de revenir sur des faits connus, il nous a semblé que l'intérêt des détails inédits, et l'importance de la Mission thibétaine, exigeaient pour cette fois une exception..

H'Lassa, où nous arrivâmes vers la fin de décembre 1845, est une cité dans laquelle personne ne peut rester inconnu ; il y règne une police assez sévère, et un tribunal est chargé spécialement de surveiller tous les nouveaux venus et d'en prendre une exacte information. La population, y compris les Lamas qui en forment peut-être les deux tiers, est à peu près de quarante mille âmes : on y compte, outre les Thibétains, des Mongols, des Indiens, des Turcs et des Chinois ; ils ont chacun leur gouverneur particulier, pour les représenter et répondre d'eux auprès du gouvernement indigène.

A peine étions-nous installés dans notre nouveau logement, que les envoyés de l'administration thibétaine vinrent nous trouver, pour remplir à notre égard leur mission d'inspecteurs. Nous leur déclarâmes que nous étions des Lamas d'Occident, venus dans le Thibet pour y prêcher notre Religion, y bâtir un temple de notre culte et y faire des disciples. Nous avions depuis longtemps arrêté la résolution de prendre une position franche, de nous annoncer, sans tergiversation aucune, pour Missionnaires ; et nous saisîmes avec empressement cette occasion d'avouer hautement notre apostolat. Les agents du gouvernement consignèrent notre déclaration sur leurs registres, sans faire aucune réflexion.

Nous fûmes pendant quelques jours occupés à nous arranger le moins mal possible dans le pauvre réduit que nous nous étions procuré ; c'était une misérable chambre ; deux larges ouvertures sans châssis et sans papier servaient de fenêtres : néanmoins nous y étions encore mieux que dans le désert. Pour moi, ma santé se rétablissait peu à peu, excepté que mes pieds, dont les parties gelées s'étaient converties en ulcères, me causaient d'horribles souffrances.

On venait nous voir par curiosité, car c'était pour tout le monde une énigme que notre présence à H'Lassa ; on n'y avait jamais rien vu de pareil ; les uns nous disaient Russes, d'autres Mandchoux ; d'autres affirmaient que nous étions des Parsis, il s'en trouvait qui tout simplement nous prenaient pour des hommes extraordinaires de l'ancien temps, revenus par la transmigration. Un grand nombre d'indigènes se présentait pour nous demander des éclaircissements ; nous renouvelions ainsi à chaque instant la déclaration que nous avions déjà faite, et nous en prenions occasion d'annoncer la Religion chrétienne que nous venions prêcher au Thibet.

Au bout de quelques jours, un officier, employé auprès du Régent de l'Etat, vint nous trouver à notre demeure, et nous dit que le prince, désireux de nous voir, nous mandait à son palais ; nous nous y rendîmes à la suite de cet envoyé. Il nous était tout-à-fait impossible de conjecturer ce qui allait résulter de cette entrevue ; mais nous nous sentions remplis de joie et d'ardeur en nous voyant au moment de faire une confession éclatante de notre foi ; et la perspective des persécutions qui allaient peut-être commencer pour nous ne nous effrayait point.

Nous fûmes immédiatement introduits devant le Régent. C'était un homme de haute taille, d'un port majestueux et d'une physionomie prévenante. Voici à peu près la substance de ce premier interrogatoire qui, peut-être, est la première apparition publique et légale que l'Evangile ait faite dans le Thibet :

« D'où êtes-vous ? — Nous sommes du grand ciel d'Occident, d'un royaume appelé la France. — Quel est votre état ? — Nous sommes des Lamas chrétiens ; nous n'exerçons aucune profession mondaine ; notre seule occupation est de prier, de prêcher notre Religion et de l'enseigner à nos disciples. — Quelle est la doctrine que vous prêchez ? — C'est la doctrine de Jésus-Christ : elle n'est autre que celle qui fut, dès l'origine, enseignée aux hommes par Dieu même ; depuis, Jésus-Christ en est venu renouveler et rendre plus claire encore la révélation. Hors de cette Religion, les hommes ne peuvent point sauver leur âme. — Avez-vous ici des disciples ? — Non, mais nous sommes venus pour en faire. — Quel moyen d'existence avez-vous ? — Nous vivons des offrandes que nous font les fidèles de la Religion dont nous sommes ministres. — Qui vous a amenés ici ? — Personne ; nous y sommes venus de nous-mêmes, nous avons marché avec tout le monde sans que nul se fût chargé de nous. — Pourquoi êtes-vous venus à H'Lassa plutôt qu'en tout autre pays ? — Nous avons été d'abord en Chine, puis en Tartarie, de là nous avons pris le chemin de H'Lassa : nous savions qu'on y attache une grande importance à l'étude des choses religieuses, et nous y sommes venus pour y prêcher notre culte. »

Les questions qu'il nous adressa ensuite nous firent connaître qu'il craignait d'avoir en nous quelques émissaires politiques, venus pour explorer le pays et en dresser des cartes. Pour dissiper ses soupçons, nous lui protestâmes que notre Religion même nous faisait un devoir inviolable de ne nous immiscer en aucune affaire étrangère à la prédication de nos doctrines. Il parut rassuré à cet égard et finit cette première entrevue par ces paroles remarquables : « Il faut que vous ayez eu de nous une idée bien avantageuse, puisque vous êtes venus ici au prix de tant de fatigues et de dangers. Vous êtes loin de votre patrie ; à défaut de toute protection, moi, je vous servirai d'appui ; personne n'aura à se mêler de vous que moi, et je me charge de vous fournir tout ce qui sera nécessaire à votre entretien et à votre nourriture. Du reste, je vous manderai encore pour m'entretenir avec vous. »

Nous sortîmes d'auprès du Régent le cœur plein d'une satisfaction d'autant plus sensible, qu'elle était plus inattendue. Une voie magnifique nous était donc ouverte au début de notre Mission ; le ciel venait visiblement à notre secours, et nous concevions les plus belles espérances. Notre joie était si grande, que nous nous sentions déjà payés au centuple des fatigues et des longues misères que nous avait coûtées notre voyage. Depuis, nous fûmes très-souvent appelés au palais du Régent, et le temps s'y passait presque exclusivement à parler de Religion. Le Prince examinait les vérités chrétiennes, les comparait, soit avec les enseignements du Bouddhisme, soit avec la doctrine mahométane. L'intérêt qu'il mettait à ces discussions, la bienveillance qu'il témoignait pour nos personnes, allaient toujours croissant. Un jour que la conférence avait été plus vive, il termina l'entretien en prononçant d'un ton grave et pénétré

les paroles suivantes : « Les choses que vous m'avez dites m'ont profondément frappé. Il s'agit d'une question qui est de la dernière importance. Je veux éclaircir avec vous toutes ces difficultés religieuses. Apprenez bien la langue thibétaine, afin que nous puissions parler seuls et échanger toutes nos pensées ; ensuite je vous promets d'être de bonne foi, et si je vois que votre doctrine soit la véritable, je l'embrasserai. »

Ayant appris le mauvais état du logement que nous nous étions procuré, il nous offrit une de ses habitations ; là, nous eûmes une chambre plus spacieuse et plus commode. Notre premier soin fut d'y dresser un petit autel et d'y arborer les emblèmes de notre sainte Religion ; nous en exposâmes trois : celui du milieu était l'image de Jésus en croix ; d'un côté nous mimes saint Jérôme, et de l'autre saint Vincent de Paul. Nous aurions bien désiré pouvoir dire la Messe, mais nous eûmes la douleur de trouver le vin que nous avions apporté tout-à-fait corrompu, au point de ne pouvoir plus être compté même pour matière douteuse, et il nous fut impossible de nous en procurer, car le vin de raisin est chose inconnue dans le Thibet.

Chaque jour le nombre de nos auditeurs allait en augmentant ; on venait en foule voir nos images et on nous en demandait l'explication ; ce qui nous offrait une occasion favorable d'exposer la vérité évangélique.

Un médecin musulman, mandé pour voir mes pieds, qui me causaient toujours de violentes douleurs, n'avait cessé, pendant tout le temps de sa visite, d'avoir les yeux fixés sur l'image de Jésus-Christ crucifié. Après m'avoir indiqué les remèdes qu'il crut nécessaires, il demanda ce que signifiait le tableau de cet homme cloué sur une croix. Nous lui fîmes un exposé complet de la Religion : la création du premier homme, sa chute, les châtiments du péché originel, l'Incarnation du Fils de Dieu venu au monde pour nous racheter, sa mort sur la croix, représentée par cette image ; tout le symbole enfin lui fut développé. L'attention qu'il nous prêtait et ses questions empressées firent prolonger longtemps notre entretien. Dès le lendemain il revint nous trouver et nous dit que nos doctrines l'avaient préoccupé au point de lui enlever le sommeil, et que pendant qu'il repassait en son esprit tout ce qu'il avait entendu, ce personnage, tel qu'il l'avait vu dans l'image de Jésus en croix, lui avait apparu tenant un vase d'eau a la main, et lui avait dit : « Reçois cette eau, c'est par elle que tu parviendras au bonheur auquel ton cœur aspirer La veille nous nous étions contentés de lui exposer les principes de la foi, sans lui dire un seul mot, ni de Baptême, ni des autres sacrements. Nous prîmes, de ce qu'il venait de nous dire, occasion de lui expliquer la nature et les effets du sacrement de Baptême, qui s'administre avec de l'eau, et qui est la porte essentielle pour entrer dans la Religion chrétienne. Il en conclut alors, avec un ton de profonde conviction, que Notre-Seigneur Jésus-Christ lui avait apparu pour lui faire embrasser l'Evangile, et il nous conjura de lui marquer tout ce qu'il faudrait faire pour obtenir cette faveur.

Malheureusement ce médecin ne savait ni la langue mongole, ni la langue thibétaine, il n'avait étudié que la langue chinoise, et nous, ne comptant pas trouver de Chinois à H'Lassa, nous n'avions point pris pour eux de livres avec nous : nous fûmes donc réduite à l'instruire de vive voix et à prendre le parti de lui dicter quelques prières. L'ardeur qu'il montrait à remplir son âme des vérités religieuses était admirable ; et sans les contretemps qui nous survinrent, nous aurions eu bientôt la consolation de le baptiser, lui et sa famille. Quant au Régent, il paraissait vouloir mûrir davantage ses réflexions ; en attendant, il nous pria de nous charger de l'instruction d'un de ses neveux, âgé de dix-huit ans, sur lequel il fondait toutes ses espérances.

Mais laissons un instant le récit de nos travaux, pour tracer une esquisse de l'état politique et religieux du Thibet.

Ce vaste pays est gouverné par le Talaï-Lama, qui est aussi le Souverain Pontife du culte Bouddhique. Il réside dans un temple appelé Bouddhala par les Thibétains, mot qui veut dire la montagne de Bouddha. Les Mongols lui donnent le nom de Monghe-djo, c'est-à-dire, image éternelle, parce que, dit-on, on conserve encore là, incorruptible, le corps de Tchoukaba, le célèbre réformateur de la religion thibétaine. Le Talaï-Lama actuel est un enfant âgé de huit ans, natif d'un district situé à l'extrémité orientale du Thibet et appelé Min-tcheux. Ses parents étaient de pauvres bûcherons ; mais par la métempsycose, le Lama défunt se reproduisit dans leur famille, et grâce à cet événement, ils sont aujourd'hui élevés au-dessus de tout ce qu'il y a de plus grand en Asie.

Ces faits extraordinaires ont lieu, non-seulement pour le Talaï-Lama, mais encore pour tous les Bouddha vivants, qui sont peut-être aujourd'hui au nombre de plus de mille, disséminés tant dans le Thibet que dans les diverses régions tartares. Lors donc que le Lama suprême a opéré son nirvan, (lorsqu'il est mort), des prières publiques se font dans la Lamaserie ; puis on consulte les sorts ; quelquefois les oracles donnent l'indication de l'endroit où se trouve l'enfant en qui l'âme du défunt vient de passer ; mais le. plus souvent la nouvelle en vient de sa propre famille. Cet enfant, par fois à peine âgé de quelques mois, se met à parler, à réciter des prières, et surtout la célèbre formule Om ma ni pat me houm. Bientôt il dit à ses parents et à tous ceux que le bruit du prodige attire près de son berceau, qu'il est le Bouddha incarné de telle Lamaserie, que ce siège lui appartient, et il commande qu'on ait à l'y conduire. On lui propose à volonté diverses questions sur les choses les plus cachées, et il y satisfait, lui eût-on même parlé une autre langue que sa langue maternelle.

Lorsque le fait de la transmigration a pris quelque consistance, la famille en envoie la nouvelle à la communauté que l'enfant réclame pour son siège. Les directeurs de cette Lamaserie nomment alors une commission, composée des religieux les plus instruits et les plus expérimentés, pour aller constater le prodige. Ils prennent avec eux tous les petits meubles qui ont appartenu au défunt, mêlés parmi une foule d'autres objets du même genre, et se rendent ainsi à l'endroit désigné. Arrivés près de l'enfant, ils commencent par lui faire un grand nombre de questions captieuses. A-t-il satisfait à toutes, les examinateurs déposent les objets qu'ils ont apportés, pêle-mêle sous ses yeux, en lui disant : « Si tu es véritablement notre Lama, dis-nous quels sont, parmi ces meubles, ceux qui t'appartenaient lorsque tu siégeais sur notre autel ? » Si l'enfant discerne sans se tromper tout ce qui servait à l'usage de celui qu'il prétend représenter, alors l'identité est reconnue pour authentique ; la Lamaserie en corps vient l'inviter avec une pompe extraordinaire, et il est honoré toute sa vie comme un Bouddha incarné. Au contraire, s'il ne soutient pas l'épreuve à laquelle on l'assujettit, il est regardé comme un imposteur et il n'en est plus question.

Nous avons eu occasion de voir un grand nombre de ces jeunes Lamas qui, ayant eu dans leur enfance le prestige dont nous venons de parler, étaient considérés comme des divinités véritables. Toujours nous avons remarqué en eux une parole affable et prévenante, une physionomie douce, des manières polies et honnêtes ; mais avec cela, des yeux effarés, respirant le feu de la jalousie et de la haine. On était comme saisi d'une sorte de stupeur en voyant le contraste de leurs regards avec l'air ingénu de leur visage ; il semblait que c'étaient des yeux de démons masqués sous la figure d'un ange.

La souveraineté du Thibet est donc, comme nous l'avons dit, entre les mains du grand Lama. Au-dessous de lui est un Roi, chargé de l'administration civile. Ce doit aussi être un Lama : on l'appelle Sato-Nomakau. Pour compléter le gouvernement, il y a quatre ministres qui dirigent les affaires, et en soumettent la décision tant au Roi qu'au Pontife suprême.

A notre arrivée, le Talaï-Lama se trouvait être un enfant ; le Roi, jeune Lama de dix-huit ans, venait d'être élu, à peine prenait-il possession du trône ; de sorte que tout le poids du gouvernement retombait sur les quatre ministres. Le premier d'entre eux, nommé S'Hyadja-Kaloum, était Régent ; c'est de lui que nous reçûmes un si bienveillant accueil. Homme du plus grand mérite, il est vénéré dans tout le Thibet et même dans les pays circonvoisins ; s'il se convertissait, le Christianisme verrait aussitôt s'ouvrir une large voie à ses progrès dans toutes ces vastes contrées.

La secte de Tchoukaba, dominante aujourd'hui dans le Thibet, s'y établit sur la fin du 13e siècle, et dès son origine, elle y prit de rapides accroissements. Quelques années après que Tchoukaba eut été élevé au pontificat suprême, il fonda le couvent de Caldau, à dix lieues au sud de H'Lassa. Cet établissement compte aujourd'hui trois mille Lamas, et on l'ouvre indistinctement aux Thibétains et aux Mongols : seulement il est réservé pour les études plus fortes, et la discipline y est plus sévère que dans toutes les autres Lamaseries. Vers l'an 1406, une pèlerin célèbre, appelé Tsiandchang-Tchortchy, venu du pays Halchas, consacra des offrandes recueillies dans toute la Mongolie, à bâtir le couvent de Bréboumg, à deux lieues du Bouddhala, et le destina presque exclusivement aux étudiants de son pays, qui ly sont aujourd'hui au nombre de huit mille. A peine eut-il achevé, qu'il en fonda un autre à une demi-lieue de H'Lassa, réservé pour les Bouddhistes des autres royaumes Mongols, pour les Etats des Sifans, et même pour les Chinois qui y viennent de diverses provinces. Caldau, Bréboumg et Sera sont comme les trois grands séminaires du Bouddhisme pour la-Mongolie.

Outre le Bouddhala et ces trois fondations gigantesques, H'Lassa compte une foule de Lamaseries moins considérables, de sorte que le nombre des Lamas résidant habituellement dans la capitale du Thibet, est au moins de vingt-cinq mille.

Chaque année le culte bouddhique exige que les Lamas des environs de la capitale s'y rendent pour célébrer une espèce de grand jubilé, appelé H'Lassa-Nouloum. Cette cérémonie dure vingt et un jours, pendant lesquels tous les tribunaux restent fermés ; chaque magistrat suspend l'exercice de ses fonctions; les affaires, de quelque nature qu'elles soient, religieuses ou civiles, criminelles ou commerciales, ressortent des Lamas directeurs du H'Lassa-Nouloum. Ils sont les juges suprêmes ; leurs arrêts sont irrévocables, et à peine les ont-ils rendus, que d'autres Lamas sont chargés de les exécuter. Ce pouvoir dure jusqu'au vingt et unième jour.

Telle est la ville dans laquelle nous venions, au commencement de l'année dernière, de dresser un Autel à Jésus-Christ, et de proclamer solennellement son nom. Notre espérance et notre joie croissaient «n voyant de plus en plus nombreuse la foule de ceux qui venaient à nous, pour s'entretenir de la Religion, et qui manifestaient le désir d'apprendre nos prières.

Nous ne perdions cependant pas de vue notre véritable situation; nous en étions réduits au dernier dénûment. La vente de nos chameaux, à Naktchu, noue avait procuré quelques ressources ; à H'Lassa, le Régent acheta nos chevaux et nous les paya trois fois plus qu'ils ne valaient. Il avait imaginé ce moyen pour nous faire accepter de l'argent que nous aurions refusé, il le savait, s'il nous eût été directement offert. Ce qui nous en restait suffisait à peine pour subsister quelques mois. Nous nous trouvions là, au centre de pays inaccessibles aux nations européennes, loin de toutes connaissances, sans nouvelles de notre Vicaire apostolique, et dans l'impossibilité de lui envoyer des nôtres. Nous n'avions rien appris de ce qui se passait en Europe depuis trois ans. Après avoir réfléchi sur notre situation, nous pensâmes que notre premier devoir, dans cet état de choses, était d'abord de donner avis à la sacrée Congrégation de tout ce qui avait eu lieu à H'Lassa, et de renouer communication avec nos Supérieurs. Nous nous arrêtâmes donc au projet suivant : M. Hue devait rester à H'Lassa pour cultiver la chrétienté naissante, entretenir le Régent dans ses bonnes dispositions, et travailler à augmenter le nombre des catéchumènes, mais sans les baptiser, hors le danger de mort. Nous aimions mieux différer leur baptême jusqu'au jour où nous pourrions célébrer le saint Sacrifice de la Messe.

Pour moi, il fut résolu que je me remettrais en voyage. Je devais m'acheminer vers le midi, à travers les montagnes qui hérissent cette partie du Thibet ; j'aurais franchi la chaîne des Himalaya, et je me serais rendu en trente ou quarante journées parmi les Européens de l'Inde. Arrivé à Calcutta, j'aurais écrit à la Propagande et aux Supérieurs des Missions, et je serais, dans le plus bref délai, retourné joindre M. Huc, avec des secours, des vivres, du vin pour la Messe, et aussi, nous l'espérions, avec des confrères destinés à partager nos travaux, et à participer aux consolations que cette Mission semblait promettre avec tant d'abondance.

Nous parlâmes au Régent de notre dessein, il y entra de tout son cœur, et promit même de me donner des hommes qui me conduiraient, aux frais de l'Etat, jusqu'aux frontières du Thibet.

Nous en étions là, lorsque la Providence permit que notre projet fût tout-à-coup renversé par la violence et la jalousie des Ministres chinois. Il faut savoir que l'Empereur de Chine, sous prétexte de protéger le grand Lama, pour lequel il professe la plus grande vénération, entretient dans le Thibet un corps de troupes, et envoie tous les trois ans deux Ministres résider à H'Lassa, tant pour présenter ses hommages au Talaï-Lama, que pour diriger les opérations de la petite armée chinoise. Dans les temps ordinaires, ces Magistrats, strictement renfermés dans leurs attributions, se tiennent le plus qu'ils peuvent étrangers à toutes les affaires qui ne sont pas de leur ressort. Si nous fussions arrivés à une autre époque au Thibet, les deux ambassadeurs de Pékin, contents de savoir que nous n'étions pas de leurs compatriotes, se seraient bien gardés de s'occuper de nous ; mais l'état des choses se trouvait alors tout-à-fait changé, par suite de circonstances extraordinaires.

Le Thibet venait de subir une révolution. Son Roi, appelé Sato-Nomakau, s'était rendu deux fois coupable de la mort du Talaï-Lama, avant qu'il eut atteint sa majorité, et il menaçait encore les jours de l'enfant qui règne actuellement : il prétendait par là entretenir une minorité perpétuelle sur l'autel du Bouddhala, et garder toujours concentrée dans ses mains la suprême autorité. Ces attentats avaient jeté la stupeur dans le Thibet, mais surtout parmi les grands Lamas. Us se rassemblèrent dans la capitale et y appelèrent aussi l'un des leurs, appelé Tchang-Kia-Fas, dont le siège est à Pékin, et qui sert comme de grand pénitencier à l'Empereur. Tous ensemble, voyant qu'une guerre civile éclaterait inévitablement dans le Thibet, s'ils levaient l'étendard contre leur Roi, prirent le parti de dénoncer sa conduite à l'Empereur, et d'invoquer son secours pour mettre à couvert les jours de leur Pontife. Cette délibération avait été portée à Pekin en 1844, par l'ambassade que nous venions d'accompagner dans son retour au Thibet.

L'Empereur, ravi d'une occasion qui pouvait augmenter son influence dans ces pays reculés, montra l'empressement le plus vif à se prêter aux vues des Lamas. Il rappela de l'exil le mandarin Tartare Khy-Chen, qui avait, quelques années auparavant, encouru son indignation pour avoir trahi ses intérêts en traitant avec les Anglais de Canton, et l'envoya à H'Lassa avec tous les pouvoirs dont l'invitation des Thibétains permettait de l'investir. Khy-Chen avait rempli sa mission avec courage ; et moitié par ruse, moitié par force, il avait engagé le Roi homicide de Bouddha à aller se mettre entre les mains de l'Empereur. Le trône de Sato-Nomakau, devenu vacant par sa déposition, venait d'être rempli par un jeune Lama de dix-huit ans, qui était à peine installé quand nous arrivâmes. Khy-Chen, fier de l'avantage qu'il avait eu dans cette affaire, et espérant réparer sa disgrâce passée en accroissant l'autorité de son maître, se portait sans cesse à de nouvelles prétentions, et toujours sous prétexte de protéger le grand Lama. Lorsqu'il eut appris notre arrivée, il voulut d'abord engager le Régent lui-même à nous faire partir ; mais celui-ci refusa nettement, alléguant que le Thibet, loin d'être fermé aux étrangers, servait surtout d'asile à ceux qui, comme nous, s'occupaient de questions religieuses. Le Mandarin, espérant convaincre S'Hyadja-Kaloum de la nécessité de nous expulser, s'il nous trouvait porteurs d'objets suspects parmi ces peuples, tels par exemple que des cartes géographiques, fit prendre et déférer à son tribunal tous nos effets, pour en faire l'inspection. Mais Dieu se servit de cette occasion même pour publier solennellement sa doctrine à H'Lassa. Nous déployames nous-mêmes nos ornements de Messe, notre Missel, notre calice, nos Bréviaires et nos images, et pour en expliquer l'usage, nous exposions aux yeux de l'assemblée tout l'ensemble des vérités chrétiennes. Nous ne permîmes à personne, pas même à Khy-Chen, de toucher à rien : nous tenions nous-mêmes les objets pour les faire voir aux examinateurs ; et lorsqu'ils étendaient le bras pour s'en saisir, nous les arrêtions en leur disant: « Prends garde ; si tu y touches avec tes mains impures, tu seras puni de Dieu. »

Cette première tentative de Khy-Chen ne tourna donc qu'à notre avantage, et nous espérâmes pendant quelque temps n'avoir plus rien à redouter de sa malveillance ; mais au bout de quelques jours il revint à la charge, et nous intima nettement l'ordre de partir, sous prétexte que nous étions étrangers et prédicateurs d'une Religion réprouvée par les lois. Nous commençâmes alors une véritable lutte avec le Mandarin, opposant avec énergie le droit à la violence. Sur le premier grief, nous répliquâmes que le Thibet n'étant point fermé aux étrangers, nous ne devions pas en être plus exclus que les autres ; quant à la Religion, nous répondîmes que la loi chrétienne, pour être persécutée en Chine, ne l'était point dans le Thibet ; et que d'ailleurs ne lui reconnaissant nul titre, à lui Chinois, de nous intimer des ordres, nous n'en tiendrions aucun compte. Le Kaloum prit aussi notre défense ; il déclara que nous étions placés uniquement sous sa juridiction, et nous fit dire de rester tranquilles, sans nous inquiéter des prétentions de Khy-Chen.

Cependant l'arrogance du délégué chinois ne gardait plus de mesure ; il se faisait un point d'honneur de n'avoir pas le dessous dans cette affaire, et il alla jusqu'à menacer S'Hyadja-Kaloum de le dénoncer à sa cour comme ennemi du Talaï-Lama. Le Régent, bien que chargé d'administrer les affaires du Thibet, manquait néanmoins de titre pour traiter d'égal à égal avec l'Empereur de Chine, et nous l'entendîmes un jour manifester l'embarras dans lequel il se trouvait : « Je suis seul, nous disait-il ; le Talaï-Lama n'est qu'un enfant, et je ne trouve nulle part l'appui dont j'aurais besoin pour mettre un frein à la tyrannie de ce Chinois. » L'inquiétude où nous le vîmes nous fit faire de sérieuses réflexions ; la contestation entre lui et l'ambassadeur de Pékin s'aigrissant de plus en plus, il allait être bientôt obligé de prendre un parti décisif à notre sujet. C'était pour lui une cruelle alternative, ou de se déclarer énergiquement en notre faveur, et alors il s'exposait, et avec lui peut-être tout le Thibet, aux ressentiments du gouvernement chinois ; ou d'humilier son autorité devant les menaces du Mandarin, en nous intimant, de la part du Talaï-Lama, l'ordre de partir. Or il était infiniment probable que le Régent, pour protéger deux hommes nouvellement arrivés, de qui il n'avait rien ni à espérer ni à craindre, ne voudrait pas se jeter, lui et son gouvernement, dans les dernières extrémités, et qu'ainsi condescendant aux vues de l'envoyé impérial, il finirait bientôt par nous signifier lui-même un arrêt de bannissement. En ce cas, nous étions exclus du Thibet par l'autorité indigène, et par là nous perdions tout droit d'y revenir et d'y résider. Nous implorâmes longtemps et avec instance les lumières de l'Esprit-Saint, et après avoir mûrement envisagé notre situation sous toutes ses faces, et pesé toutes ses suites, nous jugeâmes qu'il valait mieux céder pour un temps à l'orage, et nous conserver intacts le droit et l'espoir de rentrer à H'Lassa dans des circonstances meilleures. Le Régent à qui nous fîmes immédiatement part de notre résolution, tout en se montrant affecté à la pensée de notre éloignement, reconnut la sagesse des raisons qui nous y avaient déterminés. Ses paroles nous laissèrent entrevoir que nous ne faisions qu'embrasser volontairement une voie à laquelle il eût été bientôt contraint de nous inviter lui-même, et il nous remercia d'avoir prévenu cette douloureuse extrémité.

Notre départ de H'Lassa eut lieu le 26 février. Partout nous fumes accueillis par les Thibétains avec les marques les plus touchantes d'intérêt et de considération, et nous apprîmes, depuis, que tous les chefs des districts avaient reçu du Régent une dépêche qui leur enjoignait expressément d'en agir ainsi à notre égard.

La partie orientale du Thibet que nous eûmes à traverser, n'est qu'une suite continuelle de rochers escarpés et de précipices ; il fallait les gravir et les descendre sans chemin battu ; souvent le passage était si étroit, que désirant mettre pied à terre pour franchir à pied un pas difficile, l'espace ne le permettait point, et nous devions nous résoudre à passer à cheval sur le penchant d'abîmes dont l'escarpement et la profondeur faisaient frémir. Quelquefois même il n'y avait qu'un simple tronc d'arbre, non écorcé, qu'on avait couché là pour suppléer, au dessus du gouffre, à l'interruption du sentier. Au moindre faux pas, le cheval et son cavalier roulaient ensemble et disparaissaient sans retour.

La neige tomba presque continuellement pendant notre voyage ; les montagnes en étaient couvertes ; dans le fond des vallées il s'en trouvait des agglomérations immenses, faites par les avalanches amoncelées les unes sur les autres. Il arrivait alors que la neige manquant parfois sous les pieds, le voyageur s'enfonçait et disparaissait comme dans le fond d'un puits. Nous eûmes ainsi bien des accidents à déplorer dans le cours de cette longue route : parmi les soldats de l'escorte, plusieurs périrent, ou précipités du haut des rochers, ou ensevelis sous les neiges.

De ce nombre fut le mandarin Ly, notre conducteur en chef, qui roula du sommet d'une montagne et mourut quelques jours après. Un autre mandarin, qui s'était joint à nous, succomba de même aux misères de cette traversée, et l'un de ses neveux qui l'accompagnait, jeune homme en voie de parvenir aux plus brillantes faveurs de la fortune, ne lui survécut que de quelques jours.

Les cadavres de ces dignitaires furent mis dans des bières et portés par des satellites. Nous présentions alors un spectacle bien capable de dessiller les yeux à ces aveugles : des mandarins forcés avec leurs bandes à jouer leur vie dans cet affreux désert, tant de dépenses, tant de fatigues et de misères de toute espèce, tout cela était le fruit de la haine du gouvernement chinois pour la Religion, et de son acharnement à poursuivre deux Missionnaires ; et par une disposition frappante de la justice divine, l'escorte, décimée par les accidents de la route, suffisait à peine au convoi des morts ; les chefs qu'on avait chargés de veiller sur nous, étaient eux-mêmes portés à notre suite dans des cercueils.

(la suite au prochain numéro)

MISSION DU THIBET I

Suite du voyage de MM. Gabet et Huc, Missionnaires Lazaristes (1)

(1) Le commencement de cette relation le trouve dans le précédent numéro. M. Gabet, après avoir raconté son arrivée à H'Lassa, ses luttes avec le délégné de la Chine et son départ forcé de la capitale du Thibet, achève ici le récit de son voyage jusqu'à Macao..

Nous fûmes quatre mois à traverser cet affreux pays, qui compte à peu près six cents lieues d'étendue depuis H'Lassa jusqu'à Ta-tsien-lou, première ville de la frontière chinoise. Il fallut, pendant cette longue route, reprendre en grande partie le cours des privations de tout genre qui avaient accompagné nos pas dans les solitudes mongoles. Souvent, après avoir marché une journée entière, exposés à une pluie battante, nous arrivions le soir à une misérable échoppe gardée par quelques soldats : il n'y avait pour reposer que la terre nue et quelquefois détrempée comme de la boue. La toiture mal faite et à moitié détruite ne nous garantissait ni du vent ni de la neige. Cependant, malgré tant de misères et tant de dangers, nous sortîmes toujours sains et saufs des passages les plus périlleux, et notre santé s'améliora de jour en jour.

Cette route, jusqu'aux frontières de Chine, ne présenta à notre vue qu'une suite continuelle d'abimes, des chaînes de rochers dont la cime se perdait dans les nues, et aux flancs desquels étaient suspendus d'immenses blocs de glace ; c'était à chaque pas de grands fleuves qui se précipitaient de cataracte en cataracte entre les coupures des montagnes; mais jamais des plaines fertiles, ni des lieux tant soit peu favorisés de la nature.

Nous vimes aussi un nombre considérable de Lamaseries. Les plus fameuses sont celle de Choupando, qui ressemble à une ville par ses monuments et la vaste étendue de son enceinte ; celle de Tsiamdo, qui compte quatre mille Lamas ; celles de Kian-ka, de Tchiang-ya, de Bathang et de Lythang. L'aspect du pays révèle de toutes parts qu'il n'est rien que par sa religion. Dans les Lamaseries seulement ont lieu les grands rassemblements d'indigènes. Les sciences, les arts et la plus grande partie du commerce sont concentrés entre les mains des religieux. Enfin le culte lamaïque sert à ce pays d'industrie, de gouvernement, de législation et de politique, Pour bien expliquer cet état, il faut dire que la religion de Bouddha possède tout le Thibet, avec ses habitants, ses terres, ses richesses, ses monuments et jusqu'à ses rochers ; car on voit leur granit tantôt couvert de légendes superstitieuses, tantôt taillé en forme d'idole avec une niche creusée dans la pierre vive ; on aperçoit même, suspendues à leurs flancs les plus abrupts, de grandes Lamaseries dont les cellules sont groupées et collées à la roche comme des nids d'hirondelles.

Ces Lamaseries jouissent toutes d'un territoire plus ou moins étendu, dont les produits forment le revenu des religieux, et dont l'administration appartient au Bouddha incarné du couvent. Tant d'avantages attachés à la dignité de grand Lama, excitent vivement les ambitions, et provoquent quelquefois les luttes les plus acharnées. Tel était le spectacle qu'offrait, à notre passage, la Lamaserie de Tchiang-ya. Son Bouddha était parvenu à cette place suivant toutes les formes voulues par les croyants du pays ; mais un compétiteur plus habile que lui ayant levé l'étendard de la révolte, il s'ensuivit une guerre terrible. Ce schisme, bien qu'il eut déjà, pendant six années, provoqué une infinité de combats, dévasté et ensanglanté bien des habitations et même des Lamaseries, n'avait cependant encore rien produit de décisif. Le Bouddha légitime disposait des milices de l'Etat ; mais l'anti-Bouddha, rachetant par la supériorité de ses talents le vice de son origine, avait entraîné presque tout le peuple à sa suite, et luttait avec avantage contre son rival. Des campagnes en friche, couvertes çà et là de monceaux d'ossements ; des villages incendiés et démolis, n'attestaient que trop l'implacable fureur dont les deux partis étaient animés.

On voit aussi dans cette partie du Thibet un grand nombre de Lamas contemplatifs, à la façon des fakirs de l'Inde. Nous passâmes au pied d'une caverne où l'un d'eux menait depuis vingt et un ans la vie érémitique : sa règle était, dit-on, de ne faire qu'un repas par semaine, et de ne paraître en public qu'une fois tous les trois ans. Il a près de lui un disciple pour transmettre ses réponses aux personnes qui viennent le consulter. La réputation dont il jouit est colossale. Ces ermites sont nombreux, et en général ils sont toujours la souche d'une nouvelle incarnation bouddhique.

Nous arrivâmes à Ta-tsien-lou, première cité chinoise de la frontière, quatre mois après notre sortie de H'Lassa. Le cortège de cercueils qui nous accompagnait fut déposé dans cette ville, et un nouveau Mandarin fut nommé pour nous conduire jusqu'à la capitale de la province, appelée Tching-ton. Dès lors nous nous trouvâmes entièrement entre les mains des

Chinois, car dès qu'on a passé Ta-tsien-lou, on ne rencontre plus de Thibétains. Le sort de M. Perboyre, mis à mort quelques années auparavant, nous avertissait assez de ce qui pouvait nous être réservé ; mais habitués depuis deux ans à avoir sans cesse la mort présente sous les yeux, de mille manières différentes, nous n'éprouvions aucune crainte. La pensée d'être traduits devant les tribunaux, et d'y souffrir le martyre, nous apparaissait comme la fin la plus heureuse de notre course, et comme la plus belle récompense que Dieu pût accorder à nos désirs. Nous marchions donc à grandes journées, impatients plutôt qu'inquiets de voir quelle serait l'issue de notre affaire.

Le bruit de notre arrestation nous avait de beaucoup précédés ; les Mandarins l'avaient même fait afficher publiquement ; mais en même temps on avait appris la triste fin de nos conducteurs et d'une partie de nos satellites. Ces événements, qui montraient la colère du ciel visiblement déchaînée contre les agents de cette persécution, avait semé la terreur dans les lieux où nous devions être jugés.

Arrivés à la capitale, nous fûmes logés chez l'intendant des prisons, et dès le lendemain conduits au tribunal, La séance était disposée avec un appareil inaccoutumé ; au lieu d'un seul Mandarin, comme dans les causes ordinaires, les cinq premiers magistrats de la province y étaient venus prendre place. Leurs officiers formaient de chaque côté une longue haie, depuis la grande porte jusqu'au fond de la cour où siégeait le tribunal ; sur les gradins, on voyait, debout, une troupe de bourreaux armés de leurs instruments de torture : les uns soutenaient des cangues, d'autres agitaient dans leurs mains des fouets, étalaient des chaînes qu'on faisait rougir au feu, ou des roseaux pointus pour être plantés sous les ongles, enfin tout l'appareil des divers genres de supplices en usage chez ces barbares. Tous ces bourreaux forment comme un cercle autour du prévenu, et se tiennent prêts à exécuter à l'instant même les arrêts du juge. On déploie à dessein aux yeux de l'accusé cet effrayant spectacle, afin que la vue des instruments de supplice abatte son courage avant même que la torture lui soit appliquée.

La grâce divine que Jésus-Christ promit à ses disciples lorsqu'ils seraient conduits devant leurs persécuteurs, nous vint sensiblement en aide ; car au lieu de chanceler, nous nous sentîmes comme électrisés en présence des Mandarins et de cette troupe de bourreaux.

On commença par nous sommer de nous mettre à genoux. (Il faut savoir qu'en Chine, tout homme comparaissant devant un tribunal, qu'il soit accusé ou accusateur, ou même simple témoin, doit se mettre à genoux ; la règle est générale et ne souffre jamais d'exception.) Néanmoins cette injonction nous révolta, et, continuant à nous tenir debout, nous répondîmes tous les deux à la fois, quoique sans nous être concertés : « Non, jamais nous ne fléchirons le genou devant vous. » Ce refus et l'air de fermeté qu'ils nous voyaient, les déconcertèrent au point qu'ils restèrent longtemps indécis et ne sachant quel parti prendre ; enfin ils n'insistèrent pas et procédèrent à l'interrogatoire. Qui êtes-vous ? nous demandèrent-ils : quel est le but de votre entrée en Chine ? Nous répondîmes catégoriquement et avec force que nous étions Prêtres de la Religion chrétienne, venus en Chine pour l'y prêcher ; que notre pays était la France. Ils insistèrent beaucoup pour savoir qui nous avait servi de guide pour pénétrer dans l'empire, quels lieux nous avions habités, et quelles familles nous avaient donné asile, A ces questions, nous tournant vers celui des juges qui mettait le plus d'ardeur à nous presser, nous lui dîmes d'un ton résolu que nous étions venus en Chine de nous-mêmes, sans y avoir été invités par personne ; que nous y avions séjourné à nos frais, et que nous étions seuls responsables de nos démarches ; que leurs efforts pour obtenir de nous des dénonciations, étaient vains, et que nous n'en ferions jamais. Après un instant de silence, un Mandarin eut l'impudence de nous adresser une question outrageante pour la morale chrétienne : M. Huc, qui se trouvait vis-à-vis de lui, prit la parole d'un air grave et indigné, et, avec un geste imposant, lui fit une réponse qui le couvrit de confusion. Cet incident fut la clôture de la séance.

Après un jour d'intervalle, nous fûmes conduits au tribunal du vice-roi pour y entendre décider notre sort : il s'agissait, ou de nous envoyer à Pékin pour être livrés au tribunal des supplices, ou de nous conduire à la frontière pour être remis ensuite entre les mains du consul de notre nation. Avant de nous introduire devant le vice-roi, un Mandarin vint nous prévenir que là nous ne pourrions plus nous dispenser de nous mettre à genoux ; mais nous protestâmes encore et avec une nouvelle énergie que nous ne le ferions jamais.

Le vice-roi nous reçut dans une vaste salle d'audience ; il était assis, et nous nous tînmes debout. Il nous fit quelques questions semblables à celles qu'on nous avait adressées deux jours auparavant ; seulement nous remarquâmes qu'il évitait de toucher a celles que nous avions repoussées de manière à confondre nos juges. Il resta ensuite quelque temps à réfléchir, puis nous dit qu'il nous ferait conduire à Canton, et remettre au représentant de la nation française. Avant de nous retirer, nous réitérâmes devant lui les protestations que nous avions déjà faites à H'Lassa, dont la substance est, que nous regardions comme illégale et tyrannique la conduite du délégué chinois à notre égard, et que nous le dénoncerions à notre gouvernement. Après ces paroles, prononcées d'un ton grave et ferme, nous fîmes au vice-roi un salut selon l'usage européen et nous sortîmes.

La capitale du Su-tchuen compte un grand nombre de chrétiens dans ses murs ; mais on faisait une garde sévère autour de nous pour nous empêcher d'avoir aucune communication avec eux. Nous restâmes deux jours dans cette ville, sans qu'il nous fût possible d'en voir un seul ; toutefois, à notre départ, ils se mêlèrent à une foule immense que la curiosité avait attirée sur notre passage, et l'un d'eux, profitant du tumulte, parvint à nous mettre un billet entre les mains sans être aperçu de personne. C'était une lettre d'un prêtre chinois, appelé Philippe Zui, préposé au soin des fidèles de la ville ; il nous donnait avis que la persécution régnait partout avec fureur, et nous retraçait en détail la désolation des chrétientés de la province.

Notre départ de Tching-ton eut lieu sur la fin de juin ; on nous achemina de là vers Canton, d'où nous étions encore, par la route qu'on nous fit prendre, à plus de cinq cents lieues. Après sept à huit journées de marche, nous reçumes encore une lettre, par l'intermédiaire d'un chrétien qui réussit à tromper la vigilance de nos gardes, et en même temps une copie des édits impériaux rendus en faveur de la Religion, à la sollicitation du gouvernement français. La lettre, écrite en latin par un prêtre chinois nommé Matthieu Zieou, nous avertissait, entre autre choses, que dans la ville où nous allions arriver, trois chrétiens avaient été pris et traînés au tribunal pour cause de religion ; qu'après avoir été cruellement battus, ils avaient été, sur leur refus d'apostasier, chargés de chaînes et renfermés dans un horrible cachot. Ce prêtre nous priait d'interpeller le Mandarin et d'exiger de lui la délivrance des trois confesseurs de la foi.

On savait partout que la force avec laquelle nous avions parlé aux juges de la capitale, nous donnait une grande influence sur les Mandarins et nous mettait en position de tout leur dire, même d'user de menaces à leur égard. Arrivés à la ville, nous nous adressâmes donc au magistrat persécuteur, nous lui remontrâmes toute l'injustice de sa conduite, et nous lui fîmes l'exposé des châtiments terribles que Dieu ne manque jamais d'infliger à ceux qui osent combattre son Eglise ; châtiments dont leurs annales offrent une foule d'exemples. Nous voulûmes aussi lui parler des édits récemment publiés pour protéger les chrétiens ; mais il protesta n'en avoir aucune connaissance. Cependant Dieu donna tant d'efficacité à nos paroles, qu'il s'engagea à ne plus molester nos néophytes ; et dès le soir, il mit en liberté les trois confesseurs de la foi.

On nous faisait suivre le cours du grand fleuve appelé Jang-dze-Kiang ; nous voyagions tantôt par des sentiers pratiqués le long de ses bords, et tantôt sur des barques. Ce fleuve ressemble à un bras de mer par sa largeur immense, et quand les vents se mettent à souffler, il s'y élève des tempêtes aussi terribles que sur l'Océan. Un jour, on nous avait donné deux barques : l'une était montée par la plus grande partie de nos conducteurs, nous étions sur l'autre avec le reste de l'équipage. A peine eûmes-nous fait quelques lieues, qu'un orage subit commença à soulever les vagues ; comme c'était un vent arrière, il ne semblait pas dangereux, et nos gens, satisfaits de voir accélérer leur marche, s'en réjouissaient plus qu'ils ne s'en alarmaient. Tout-à-coup une rafale nous prit de côté, et nous fûmes portés sur sa rive, malgré les efforts des matelots qui luttaient avec la rame et de longues gaules pour tenir le large. Arrivés au bord, nous nous aperçûmes que le vent avait repris sa première direction ; l'équipage se remit donc en travail de gaules et d'avirons, et reconduisit la barque jusqu'au milieu du fleuve ; mais à peine y fut-elle, qu'une seconde rafale nous prit encore en flanc et nous ramena au lieu que nous venions de quitter. Nos matelots ne se découragèrent pas et parvinrent de nouveau à gagner le large ; alors le même fait se répéta une troisième fois, et d'une manière si subite, qu'il était impossible de ne pas y voir quelque chose d'extraordinaire. Le patron effrayé, ordonna d'amarrer au rivage, et quoiqu'il ne fût pas encore midi, nous restâmes là tout le reste de la journée. Pour l'équipage de l'autre barque, voyant ce qui nous arrivait et le prenant pour un effet de notre maladresse, il s'en était beaucoup diverti et avait continué sa route. Le lendemain matin, nous pûmes aussi reprendre la nôtre ; mais arrivés à la ville, nous n'y trouvâmes pas tous nos compagnons : peu après qu'il nous eurent perdus de vue, le vent était devenu si violent et les vagues tellement furieuses, que leur navire avait été submergé. Un Mandarin, plusieurs hommes de l'équipage et tous les effets avaient péri. Quelques matelots seulement avaient eu assez de bonheur pour saisir un des câbles du bâtiment qui flottait renversé, et étaient ainsi parvenus à sauver leur vie du naufrage.

Cinquante-neuf jours après notre départ de la capitale du Su-tchuen, nous arrivâmes dans la métropole du Hou-Pé, appelé Ou-tchang-Fou : c'est dans cette ville que six ans auparavant, M. Perboyre, notre confrère, en compagnie duquel j'étais venu en Chine, avait eu, après de cruelles tortures et de longs interrogatoires, le bonheur de donner sa vie pour le nom de Jésus-Christ. Nous parcourûmes, le cœur plein de respect et pénétrés de la plus profonde émotion, ces lieux empreints de si glorieux et de si touchants souvenirs. Heureux confrère, nous disions-nous l'un à l'autre, à qui Dieu a fait la grâce de sortir, la palme du martyre à la main, de cette vallée de larmes, où il faut passer ses jours dans des périls sans cesse renaissants, dans de continuelles et désolantes incertitudes !

Dans la province du Hou-Pé, qui forme le Vicariat apostolique de Mgr. Rizzolati, la persécution régnait de toutes parts à l'époque de notre passage ; et il n'y avait que peu de jours qu'un religieux espagnol, M. Navarro, venait de tomber entre les mains des satellites.

De là nous continuâmes notre route vers Canton, en traversant la province du Kiang-Si, qui forme le Vicariat apostolique de Mgr. Laribbe. La persécution n'y était pas moins ardente que dans les autres endroits; nous le sûmes par l'entremise d'un chrétien, qui parvint à insinuer secrètement un billet dans la chambre où nous étions gardés.

Enfin, après une marche de plus de sept mois, nous arrivâmes à Canton, puis à Macao, dans les premiers jours d'octobre, deux ans et quelques mois après notre départ de la chrétienté de Piéliékéo. Notre voyage, pour aller de la Tartarie à H'Lassa, et pour revenir de H' Lassa jusqu'à Canton, avait été à peu près de deux mille cinq cents lieues européennes.

Notre arrivée à Macao causa beaucoup de surprise et de joie. Perdus pendant plusieurs années dans les déserts de l'Asie centrale, sans avoir jamais pu envoyer de nouvelles, nous passions partout pour morts. De notre côté, nous étions dans une complète ignorance de tout ce qui concernait l'Europe : les dernières nouvelles que nous en avions reçues étaient du commencement de l'année 1843, et nous étions à la fin de 1846.

GABET, Miss. Lazariste

www.ingramcontent.com/pod-product-compliance
Lightning Source LLC
Chambersburg PA
CBHW071352310526
45790CB00018B/1422